EXCURSIONS PYRÉNÉENNES

UNE

FLANERIE

AUX

PÈNE-TAILLADE ET POURRY

PAR

PÉRÉGRIN

TARBES
IMPRIMERIE ÉMILE CROHARÉ,
Place Maubourguet et rue Massey.
1886

EXCURSIONS PYRÉNÉENNES

UNE FLANERIE AUX PÈNE-TAILLADE ET POURRY

PAR

PÉRÉGRIN

TARBES
IMPRIMERIE ÉMILE CROHARÉ,
Place Maubourguet et rue Massey.
1886

EXCURSIONS PYRÉNÉENNES

UNE FLANERIE

AUX

PÈNE-TAILHADE et POURRY

Des goûts et des couleurs. — Louables tentatives. — Forêts et plateaux. — Une algarade. — Avances gracieuses mal reçues. — Première halte.

Pourquoi pas une flânerie brisant un peu avec la banalité des distractions des villes d'eaux ? M'est avis qu'un capricieux vagabondage, à travers monts et vallées, vaut souvent mieux que le vulgaire et insipide grouillement de la place des Œufs de Cauterets, par exemple ; même en ajoutant à la fraîcheur de ses nuits, et à la rare pureté de ses étoiles, le charme des harpes et violons italiens ; les colères bruyantes de Polichinelle et ses rires stridents jusque devant les crocs du féroce crocodile ; les meilleurs tours des oiseaux savants ; et l'éclat des lampes à pétrole qui font étinceler les richesses des boutiques en plein vent et attirent, autour du beau zouave muet, les gourmands incorrigibles du sucre de pomme. Qui n'a goûté ou envié d'autres jouissances doit prendre le comte Russell pour un archi-fou avec sa passion du Vignemale, et nous, touristes de moindre envergure, pour des gens peu sensés assurément. Des goûts et des couleurs, on ne dispute pas, dit-on. Si on veut bien nous suivre dans une rapide lecture, on pourra nous pardonner, je l'espère, d'aller chercher notre amusement plus loin et plus haut que les environs d'un Casino quelconque.

Partis de Luz, Eugène F., Etienne L.-V. et moi, par une belle matinée des environs du 15 août, qui faisait présager une journée chaude, mais pure et limpide, nous nous acheminions par la route de Barèges, munis d'un bâton vigoureux et ferré. Cet appui du voyage ne ressemblait guère à ces Pseudo-Alpenstock, d'une blancheur immaculée, agrémentés d'un cordon de laine bleue, à l'aide desquels les intrépides excursionnistes, des hauteurs de la Raillère, se donnent une couleur locale, ayant l'air de touristes, comme les personnages de Watteau ressemblent aux bergers et bergères de son temps.

Nous franchissons le Bastan sur le petit pont de Barzun, à un kilomètre et demi environ au-dessous de Barèges, que nous laissons à notre droite ; et nous grimpons jusqu'à Lys, un nid gracieux de fraîcheur et de verdure, perché au-dessus d'un éperon de la montagne, en face de l'Araillé, au nord. Ce site est à l'abri des avalanches. Un peu plus haut, du même côté du Bastan, ces éboulements dévastateurs ravinent les pentes et donnent aux alentours de Barèges même cet aspect morne et sinistre d'un paysage terreux cendré qui lui est particulier.

L'administration forestière fait de louables efforts pour réfréner le dévalement de ces formidables boules de neige. Nous trouvons, sur notre passage, comme témoignage de ces essais d'endiguement des avalanches, des poutrelles en fer, d'une hauteur de 1 mètre 40 environ sur 0.04 de diamètre, plantées jadis à des intervalles rapprochés, en un certain nombre de lignes parallèles et horizontales, mais arrachées bientôt ou coupées même et dispersées sur les flancs de la montagne. Les sommes énormes consacrées à ces travaux de défense n'ont donc abouti jusqu'à ce jour à rien d'à peu près sérieux. Le reboisement, s'il est poursuivi avec intelligence et sans découragement, promet de meilleurs résultats.

Après une petite halte à la maison de Dominique C..., d'où le regard se promène avec délices jusque vers le fond de la vallée de Luz, à travers les prairies qui recouvrent de leur gazon serré les pentes rapides coupées çà et là par de vigoureux bouquets de frênes, nous gravissons la montée dans la direction du nord en laissant, à notre gauche, la butte de Saint-Justin, et, un peu au-delà, le village de Sers. Un mulet chargé de provisions pour deux ou trois jours marche devant nous. La montée devient de plus en plus abrupte. Et, tantôt en suivant docilement les chemins en lacets, dont l'administration des eaux de Barèges a fait sillonner le bois de Lys et ceindre la montagne, tantôt en attaquant l'escarpement comme pour un assaut, nous atteignons Suberlys, petite forêt toute broussaillée.

Déjà les arêtes vives émergent, à nos regards, des croupes arrondies, surtout du côté du midi et du couchant. Les sommets aigus, s'élançant au-dessus de leurs bases, se dressent comme des aiguilles, laissant çà et là les vallées profondes dans une sorte de buée. Des nuages, amoncelés par la chaleur du soir, font, de distance en distance, de grosses taches dans le ciel, et projettent, sur les monts plus rapprochés de nous, une ombre qui les détache en noir des fonds éclairés encore par les rayons du soleil.

En sortant de la forêt de Suberlys, nous parcourons, toujours dans la direction du sud au nord, le plateau de Gavetta. Ici, toute habitation a disparu; l'excursionniste, surpris par l'orage, n'y trouverait aucun abri. Dans la vallée qui se creuse de plus en plus, et court parallèlement à notre route, on voit encore à peine, sur la pente opposée de Boussie, quelques rares cabanes de bergers, accroupies dans les prairies et encapuchonnées sous leur toiture d'ardoise. La pente de Gavetta, vers la vallée à notre gauche, est presqu'à pic; les abords en sont gazonnés et glissants. Il y a quelques années, un étranger, en station à Barèges, fut trouvé gisant au bas de ces pentes, au-dessus desquelles il avait eu l'imprudence de s'aventurer sans guide.

Nous n'éprouvons, faut-il le dire, qu'un sentiment de délicieuse insouciance ; l'air est pur et vif ; l'orage est loin ; il paraît se déchaîner sur les Pyrénées d'Espagne ; peut-être les éclaboussures en arrivent jusqu'au Cirque de Gavarnie dont nous voyons se dessiner la magnifique silhouette sur un ciel noir et rouge, mais le sommet sur lequel nous marchons est en plein enveloppé des rayons du soleil. Nous cheminons, bercés par une douce rêverie ; à peine si quelques réflexions brèves l'interrompent de loin en loin : nous aimons à nous abandonner à cette mélancolie des grands sommets qui saisit l'âme comme tous les extraordinaires et sublimes spectacles de la nature.

Nous sommes tout à coup rappelés aux réalités vulgaires par..... notre mulet. Fut-il piqué par une mouche ? ou, ce qui est plus probable, à défaut de sentiment poétique, fut-il saisi dans cette atmosphère nouvelle d'une velléité d'indépendance et de liberté ? Le fait, que je ne me charge pas d'éclaircir, est que, au détour d'un repli de terrain, la brute part d'une course échevelée, faisant bondir autour de lui licous, vêtements, sacs de provisions qui jonchèrent le sol, et se livrant à forces pétarades lorsqu'on faisait mine de l'approcher. Il n'y avait qu'à laisser aller le lourdaud ; il redeviendrait docile dès qu'on l'aurait abandonné à sa courte indépendance. Un peu plus loin, en effet, nous aperçumes des chevaux, mis au vert, et vivant dans ces pâturages écartés sans autre souci que celui de refaire leur santé ; attirés par la présence d'étrangers qui venaient réjouir leur solitude, ils accoururent pour voir, regardant de loin d'abord, se montrant à mi-corps au-dessus de l'arête de la montagne, et dressant leurs fines oreilles dans l'azur du ciel. Peu à peu cependant, ils s'enhardirent jusqu'à s'approcher, comme pour lier de bons rapports avec les nouveaux venus. C'est alors que notre porte-charge se voyant considéré par ses congénères — où l'esprit de contradiction va-t-il se loger ? — prit une allure sérieuse et digne ; et, marchant d'un pas grave et réglé, laissait même s'approcher l'un de ceux qui éprouvait un plus grand besoin de sociabilité. Le malin ! ce n'était qu'une feinte ! il répondit à ces avances, dès qu'il fut à portée, par des ruades qui durent fort décourager tant de bonne volonté.

L'échauffourée, qui nous avait arrachés brusquement au charme de notre rêverie, et qui nous obligea à courir après le bardot pour recueillir les épaves de nos provisions, eut cela de bon qu'elle nous amena un peu plus tôt au-dessus du plateau de Stoucouë ; nous avions, pour y parvenir, un peu dévié vers le nord-ouest.

Stoucouë devait être le terme de notre première halte pour cette journée ; du haut de la dernière limite du plateau de Gavetta, notre regard plongea dans le fond et sur les pentes assez douces du Cirque, comme inachevé, de Stoucouë. Des troupeaux paissaient dans ce lieu paisible qui ne recevait plus que sur un côté les rayons du soleil couchant; cinq à six cabanes en pierre sèche se détachent, vues d'en haut, du gazon qui les entoure, plutôt par la couleur noirâtre et ardoisée de leurs pierres que par leur élévation. Tandis que notre mulet, débarrassé de ses fardeaux, dont il avait essayé trop tôt d'alléger la charge, se livre, à part, à une gloutonnerie d'herbe fraîche, nous prenons domicile, en rampant, dans une des cabanes inoccupées. Le berger Nouguès, beau gars, bien découplé, à la mine toute rasée, fait les honneurs de son palais. Le palais, c'est ce Cirque, dont les gigantesques étages sont au nord-est et à l'est-sud, le Bascia-Caud, le Bascia-long, couronnés par les créneaux de Pène-Taillade, le pic de Pourry, la brèche de Capet, dont les titaniques soubassements sont, au nord et au couchant, les terrasses qui descendent jusqu'au fond de la vallée de l'Artistol, d'où s'élèvent les monts de Lagouë et de la Touë qui nous enferment de ce côté. Le soleil va baisser derrière le pic de Nère, qui se dresse en face de nous, au-delà de l'Artistol.

Organiser sa très primitive hôtellerie par un apport de bruyère qui couvrira le sol de la cabane et nous servira de lit ; faire réchauffer sur une cheminée, formée de deux pierres, un des mets de notre festin du soir; enfermer nos chiens auxquels les molosses, gardiens des troupeaux, et jaloux de leur autorité, feraient mauvais parti, tandis que Nouguès ramène ses brebis et ses vaches autour des cabanes : tout cela remplit joyeusement les premières heures de notre arrivée. L'appétit, avivé par la marche et l'air pur, par l'eau d'une fraîcheur et d'une légèreté incomparables, fait réclamer le repas qui est fort gai, servi sur la pelouse comme nappe. Rien n'égale la bonne humeur de ces bergers auxquels une longue solitude ne fait pas perdre leur sociabilité.

Une aventure extraordinaire. — Nuit agitée. Le réveil.

La nuit approchait ; mais, par une heureuse coïncidence, la lune venait de poindre derrière Pène-Taillade ; son disque plein émergeait bientôt dans un ciel pur, et sa pâle lumière répandait sur le paysage je ne sais quoi de mystérieusement attachant. Comment donc se décider à s'étendre si tôt sous la voûte rustique de la cabane où nous devions chercher le repos de la nuit? Rangés en demi-cercle, ayant sous nos pieds les prairies en terrasses qui descendent vers la vallée, la conversation s'était engagée. — Etienne L. appelle notre attention : — Vous voyez, nous dit-il, ces deux monts qui, s'élevant du fond de la vallée un peu à notre droite, laissent entr'eux une immense ouverture béante ; au-dessous de cette ouverture sont des roches à pic et, en ce moment, ce tableau éclairé dans les parties saillantes par les clartés de la lune, avec des lignes noires d'ombre qui le sillonnent et des obscurités dont on ne peut sonder les profondeurs, ne vous présente-t-il pas quelque chose d'étrange, de sinistre ? — Nos regards s'étaient portés instantanément vers ce côté, que nous n'avions pas remarqué encore, désigné par Etienne, et tous nous fûmes saisis d'un vague frisson en voyant ces formes fantastiques. — Pour moi, ajouta-t-il, familiarisé depuis longtemps avec ces sites, je ne puis jamais les voir, la nuit, sans éprouver de la terreur ; et, n'était la compagnie, je n'aurais pas le courage de rester ici, seul, à cette heure. — Ces paroles étaient assez surprenantes dans la bouche d'Etienne dont nous connaissions le sang-froid et le courage, pour que notre curiosité en fût vivement piquée. — Quel est donc le motif de votre peur, demandâmes-nous tous ? Il doit y avoir là-dessous quelque histoire qui peut nous intéresser; dites et n'oubliez pas, dans votre récit, que nous sommes ici pour vous défendre ; n'ayez peur puisque vous n'êtes pas seul. — Vous allez peut-être sourire, sourire de pitié, reprit-il ; mais puisque vous me demandez une histoire, je vais vous raconter simplement les faits.

Ces deux rochers que je vous ai désignés déjà, celui de Baran d'un côté, celui de Maran de l'autre, forment comme les deux piliers d'entrée du Cirque de Lagoue, dont le fond se perd à nos regards dans l'ombre de la nuit. Ce Cirque, avec son portique cyclopéen, ferme lui-même cette vallée qui, bordée par les prairies de Boussie, s'en va déboucher à la Justée, point où le Bastan de Sers se jette dans celui de Barèges. L'entrée du Cirque est inaccessible du côté du midi, celui que nous voyons. Baran et Maran en ferment chacun un côté, et le soubassement gigantesque, formé par le rocher vertical comme une muraille, sur lequel il est établi, ne permet pas de l'aborder de face.

De tout temps, ce fond de la vallée a passé pour être le théâtre de scènes inexplicables; il se dit, dans la contrée, qu'à certaines dates, à l'heure de minuit, il faut s'éloigner de ce lieu. Que des forts du pays, revenus des expéditions lointaines et périlleuses de la guerre, ayant voulu, soit par curiosité, soit par forfanterie, s'y rendre aux jours et aux heures signalés, en étaient revenus, chaque fois, comme repoussés par une main irrésistible, et que personne encore n'avait pu dire ce qu'étaient les étranges phénomènes qui se produisaient là, au sein de la nuit.

Or, c'était un brave, que Jean-Marie L..., c'était un intrépide que Bernard C... : point de sommets qu'ils n'eussent escaladés. Lorsque le bélier inconstant abandonnait le troupeau fidèle, pour courir à des aventures vagabondes et terriblement passionnées, Jean-Marie, plus rapide que le mouflon à travers les ronces, les cailloux roulés, ne tardait pas à l'atteindre sur les pics escarpés auprès des brebis étrangères suspendues aux bords des roches abruptes; et il ramenait victorieusement, malgré ses résistances, le lascif animal, — *le bélier colonel de la laineuse troupe*. S'il fallait rentrer au grenier une lourde trousse de foin fauché sur les prairies raides et glissantes, c'était Bernard C... qui la chargeait sur ses épaules alors qu'il avait ajouté un supplément au poids déjà trop lourd pour ses compagnons de travail. Dès qu'un berger paisible avait signalé la présence d'un isard sur les escarpements, autour des aiguilles de rochers tailladés par les orages et par la foudre. Jean-Marie et Bernard se mettaient en campagne ; c'était bien rare qu'après un jour un deux de chasse, la pauvre bête ne fût rapportée sur le dos du chasseur suspendue à son cou par un lien serrant ses jolies et fines jambes, l'œil éteint, son beau et soyeux pelage taché du sang qui coule d'une large blessure ouverte dans ses flancs.

On savait d'ailleurs dans toute la contrée quelles étaient la force, l'adresse, l'agilité de ces deux *toy*. Personne n'osait se mesurer avec eux pour enlever, à la course, le drapeau au sommet de la butte ; jusqu'à Argelès ils avaient prouvé, dans certains jours de fête, aux plus habiles et aux plus renommés, qu'ils trouveraient de redoutables rivaux dans le petit village de Sers et dans les cabanes de Boussie.

Donc un soir du premier novembre, Jean-Marie et Bernard, réunis pour passer la veillée chez le voisin Puyou, écoutaient les récits des faits extraordinaires qui se passaient à Baran. Piqué par la mouche de la curiosité, Bernard, du ton gouailleur qui lui était familier : Qui se sent, dit-il, de venir avec moi ? — Quand nous aurons vidé ce litre que vient d'apporter maître Puyou je t'accompagne, réplique Jean-Marie, qu ne veut pas se laisser vaincre en bravoure.

— C'est cela, dit Bernard, il est dix heures : dans une heure et demie, en marchant bien, nous serons au pied de la Touë, nous donnerons une demi-heure aux diables pour se préparer à jouer leur comédie ; s'ils ne nous disent rien, nous rirons à notre aise ; s'ils veulent nous toucher, nous nous essayerons. Faut-il leur mener notre bouc ; il a belle barbe et belles cornes, et pourrait figurer sur la scène ?

— Il ne faut pas rire de pareilles choses, dit-on tout à l'entour. Est-ce le diable ou le bon Dieu qui agit dans ces phénomènes mystérieux ? Nous n'en savons rien, mais que ce soit l'un ou l'autre, il ne faut pas les affronter ; restons donc tous tranquilles ici, à fumer notre pipe, et achevons notre verre.

— Ah ! s'il s'agissait, dit Labit, qui avait été, lui aussi, un bon *toy* dans son jeune temps, mais qui était devenu alors prudent et mesuré, s'il s'agissait d'aller tirer des mauvais pas un berger et son troupeau, surpris par les neiges ; ou bien de retrouver la brebis perdue de la veuve Jeanne qui a tant de peine à vivre et à nourrir ses quatre petits enfants, je n'hésiterais pas ; et je suis sûr que la bonne Vierge Marie et Saint-Justin me garderaient de tout mal ;

mais, par pure fanfaronnade, braver ce qui est mystérieux, c'est au moins une imprudence. Tu es fort, Bernard, mais, crois-le, le diable est plus fort que toi ; tu es agile, Jean-Marie, mais tes jambes ne te sauveront peut-être pas du mal. Si vous m'en croyez, après avoir vidé cette bouteille et brûlé une pipe, on ira tranquillement se coucher.

Ce qui est dit est dit, répliqua Bernard, viens-tu, Jean-Marie ?

— Allons, dit celui-ci un peu ébranlé par les sages réflexions de Labit, mais revenu de son hésitation par le dernier mot de Bernard.

La nuit était sombre ; les cloches de Sers venaient de faire entendre les derniers tintements du glas des morts ; nos deux toy, excités par le froid déjà glacial du commencement de novembre, agités aussi par des sentiments confus de hardiesse, d'audace et d'appréhension inavouée, appréhension accrue en ce moment par les plaintes lamentables que l'airain, le jour des morts, jette dans l'air du haut du clocher, et qui se répandent comme une rosée de larmes sur chaque maison du village et sur les habitations éloignées, où le son n'arrive qu'en sanglots étouffés, nos deux toy escaladaient allègrement les rampes gazonnées qui s'étagent au-dessus de Sers; et, pour se donner de l'allure, ils chantaient; mais, chose étrange, leurs chants, qui commençaient avec entrain, ne tardaient pas à finir avec langueur, semblables à ceux du rossignol pendant la nuit. Le silence était profond d'ailleurs dans toute la vallée de Boussie; et sauf le bruit de leurs pas ou le grognement sourd de quelques chiens de ferme, avec le grondement monotone du Bastan, rien ne venait le troubler. A peine la neige qui recouvrait ces sommets environnants se montrait-elle, dans l'épaisse obscurité, comme une vague blancheur. Sans qu'ils s'en fussent rendu compte, leur marche avait été rapide et quelque peu pénible, dans l'incertitude de la nuit. C'est grâce d'ailleurs à leur agilité et à l'habitude qu'ils avaient des moindres accidents de terrain qu'ils avaient pu éviter les chutes, sur ces prairies raides et glissantes, dans ces fondrières conduisant à des précipices affreux, qui s'ouvrent à chaque pas.

— Ouf, dit Bernard, je ne croyais pas de souffler, comme je l'ai fait, pour arriver ici.

Et ils s'assirent là-bas, en face de nous, à gauche du rocher de Baran.

— Tu as la bouteille, Jean-Marie? sors-là, c'est le moment; nous prendrions froid;

en attendant que la toile se lève, buvons un coup.

— A ta santé! Diavolo! dit Jean-Marie, et il entonne la bouteille.

— Bon bien te fasse, Satan, reprend Bernard, en s'essuyant les lèvres de sa manche, après avoir sorti un bon tiers du liquide de la bouteille que lui avait passée Jean-Marie.

Et ils se mirent à rire aux éclats ; mais leur rire un peu forcé s'éteignit aussitôt.

C'était minuit. Une clarté blanchâtre environne une des cimes de Pène-Taillade que nous avons ici à notre droite ; et un instant après, dans une éclaircie du ciel, la lune émerge par une des entailles aiguës.

— Voilà la comédie qui va commencer, dit Jean-Marie ; on allume les quinquets.

Quelle comédie ! un brouillard épais sort du fond de la vallée, et monte comme une fumée devant la lune dont elle intercepte les rayons ; le brouillard s'épaissit, noir, avec des lueurs rouges étranges ; à travers, on aperçoit le disque de la lune démesurément élargi, mais sans clarté. Le brouillard, ou la fumée, dessine des formes bizarres, qui se défont, pour se reformer aussitôt plus bizarrement encore.

— Tiens, dit Jean-Marie, on dirait des

femmes avec des vêtements de deuil, les cheveux épars et en désordre. Et ces hommes qui essayent de tenir des lances, des javelots qui leur échappent des mains !

Mais tout cela était dit bien bas, ils avaient peur d'éveiller l'attention.

On commença alors à entendre des bruits détachés et sourds, comme les coups d'une cloche frappée sous terre ; aux sons de la cloche se mêla le murmure d'une foule houleuse venue de loin. Puis tous ces bruits confus, devenus plus forts tout en restant voilés, étaient plus fréquents et semblaient plus rapprochés. Des formes humaines confondues dans le brouillard se détachèrent bientôt et se mirent à la suite les unes des autres en une procession fantastique; il y avait là des femmes vieilles à l'aspect atroce, des femmes jeunes, pâles et décharnées, défigurées par la souffrance ; des hommes horriblement contrefaits. Chez toutes ces apparitions, les yeux n'étaient que des orbites creux, sanguinolents. La procession sortit du Pioüla qui est ici derrière nous, au-dessus de nos têtes, descendit par Stoucouë où nous nous trouvons en ce moment, et vint défiler sur le bord du Cirque, en contournant à la même hauteur les rochers de Baran et de Maran; mais on ne voyait que des têtes toujours sans regard, au profil indécis, et des bustes seulement, le bas du corps et des jambes se perdant dans le vague du brouillard. La procession montait dans les cavités du Cirque, puis descendait pour remonter encore ; on entendait toujours les coups séparés de la cloche souterraine, et le murmure de la foule plus confus, lorsqu'un ébranlement colossal se fit dans tout le fond de la vallée ; le grand rocher de Baran, un peu penché en arrière, tel que vous le voyez, se soulevait, puis retombait aussitôt, comme mu par un hoquet formidable. Le murmure sourd, profond, caverneux, s'étendit partout ; on ne pouvait préciser d'où il venait.

Les cloches poussèrent des sons lamentables qui étaient de vrais sanglots ; et la foule en procession commença à gémir. Les femmes exhalaient des plaintes ; les hommes, des blasphèmes. Nos deux curieux, figés par la terreur, croyaient entendre de vraies paroles, mais ils ne distinguaient rien ; les paroles étaient insaisissables. La lune, qui avait monté un peu au-dessus de l'horizon, toujours rouge, sans clarté, éclairait mal ces scènes qui se passaient au bord et dans le fond du Cirque, et cependant on pouvait suivre les mouvements par l'effet d'une lumière tantôt blafarde, tantôt rougeâtre qui venait on ne sait d'où. La scène devint encore plus horrible : les rochers se détachent des cimes, bondissent avec un fracas épouvantable, s'entrechoquent, se brisent, se dispersent : et leurs débris immenses roulent sur cette foule, grossie par de nouvelles foules arrivées successivement.

Les fantômes entassés disparaissaient dans les entrechoquements des roches gigantesques, sous lesquelles on entend les craquements d'os broyés. Ce sont alors des sanglots profonds, des cris déchirants, des plaintes inexprimables. La procession marchait toujours, se reformait sans cesse, comme les eaux d'un fleuve arrêtées, séparées un moment, vont se rejoindre et reprendre leur cours au-dessous de l'obstacle qui avait produit cet arrêt. Le rocher de Baran hoquetait toujours, comme si quelqu'un enseveli dessous avait fait des efforts insuffisants pour le soulever en entier. Le Cirque bientôt se remplit d'eau, qui déborde, se déverse en une cascade mélangée de sang et d'écume.

Jean-Marie et Bernard, collés sur la pierre où ils étaient assis, voulaient parler, et la parole s'arrêtait dans leur gosier ; se relever et fuir, et ils ne pouvaient se mouvoir. Ils crurent distinguer certaines formes. Un homme, qui paraissait un guerrier, voulait frapper de son poignard une forme voisine et ne parvenait qu'à se frapper lui-même ; un autre sortait de l'eau tout ruisselant, et il pleurait. Ici, une main se fermait convulsivement pour retenir de l'or qui la brûlait. Là, des femmes levaient les bras au ciel, puis s'arrachaient les cheveux. Les secousses devinrent plus fréquentes et plus rapprochées ; enfin, la pierre même sur laquelle étaient assis nos deux infortunés et dont ils ne pouvaient se détacher, se souleva tout à coup avec force et, par un saubresaut violent, ils furent lancés tous les deux à une grande distance.

Le lendemain, c'était le jour des morts ; les habitants de Sers, fidèles au culte des trépassés, remarquèrent Jean-Marie L... et Bernard C... couverts de leur cape, agenouillés avec eux sur les tombes du petit cimetière qu'il faut traverser pour entrer dans l'église ; tous deux assistèrent dévotement à la messe. Et comme leur figure pâle et bouleversée trahissait l'émotion, suite d'une aventure malheureuse, on voulut les interroger : — Ne parlons pas de cela, se hâtèrent-ils de répondre ; non, ne parlons pas de cela, c'est impossible.

Ce ne fut que longtemps, bien longtemps après, qu'ils purent raconter ce que vous venez d'entendre.

Etienne avait fini son récit; on essaya quelque peu d'en rire, mais on n'y put réussir franchement. On prit le parti, car il se faisait tard, de gagner chacun sa cabane et d'attendre, étendu sur la chaume, que le sommeil vînt dissiper les visions fantastiques et réparer les fatigues d'une première journée de marche. Bientôt j'entendis le ronflement sonore des chasseurs et des bergers, habitués à dormir profondément et bruyamment dès le premier sommeil. Cette cacophonie tapageuse, sortie de toutes les fosses nasales qui m'entouraient, conjurait, avec l'agitation très marquée que j'éprouvais, pour chasser le sommeil; peut-être aussi, faut-il le dire, avec le tourment infligé par les puces dont pullulaient les cabanes de bergers dans cette région pourtant froide. Je sortis et voulus respirer l'air du dehors.

Le spectacle était d'un calme et d'une placidité incomparables; les troupeaux étaient couchés silencieux autour de nous; à peine si, de temps à autre, on entendait un souffle légèrement bruyant sortir des naseaux des vaches les plus rapprochées; parfois aussi un cri instantané, aigu, dénotait la présence d'un oiseau nocturne qui fendait l'air de ses ailes légères, et disparaissait dans l'ombre. Le ciel était d'une pureté complète; les étoiles y scintillaient sans que le moindre nuage vînt voiler leur éclat ; la lune éclairait largement la vallée et les monts, en laissant toutefois, derrière les parties blanchies par sa lumière, de profondes taches d'ombres. Mon regard se porta sur le rocher de Baran : sa grande forme allongée, grisâtre, un peu renversée en arrière, éclairée à sa surface, avec quelques contours capricieux dans le sommet, fixa mon attention un peu émue ; et cette forme étrange m'apparut comme un gigantesque cadavre, rigide sous un linceul qui l'aurait recouvert en entier. Je restai bien avant dans la nuit à contempler ce paysage si grandiose et si différent de celui du jour ; et je ne me décidai à rentrer dans la cabane que quand la lune eut disparu derrière la montagne d'Arbéousse.

Au point du jour, le mugissement des vaches qui gagnent les pâturages d'un pas grave et solennel, en s'arrêtant de temps en temps, les naseaux en l'air, pour flairer leur direction et saluer le jour, les bêlements des brebis, les sifflets d'appel des bergers, les aboiements des chiens répandent de l'animation sur le plateau et nous forcent à sortir des cabanes. On est encore sous l'influence d'un sommeil insuffisant et rendu lourd par la difficulté même de dormir ; mais l'air vif et pur, le ciel limpide qui fait présager une magnifique journée, les lueurs blanches légèrement dorées, avant-coureurs du soleil, qui font un dôme transparent à Pène-Taillade et à Pourry, tout cela secoue et réveille. Un brin de toilette faite devant la source qui coule sans bruit, et dont l'eau froide jette des aiguillettes sur le visage et sur la nuque, achève de nous réveiller ; le lait gras, abondant, savoureux, nous calme et nous fortifie. En avant !

Les Maures. — Un coup décisif.

C'est le Pioüla qui sera le premier but de notre excursion matinale. Nous y montons en suivant la direction du sud-est et nous y arrivons après une demi-heure de marche. Ce plateau, qui est à 1,800 mètres d'altitude, forme un des étages du Cirque de Stoucouë. On a, de là, une vue très étendue dans la direction du sud et de l'ouest. On voit se dessiner très nettement les sommets qui dominent Barèges, le pic d'Airé, celui d'Escoubous ; puis, au sud-ouest, Estouboué, le Montferrand, la crête du Marboré si richement découpée, le Vignemale blanchi de neiges éternelles ; plus à l'ouest, le pic de Nère.

Nous sommes sur une terrasse plane et unie, en demi-cercle bien régulier, dont le côté diamétral, carré, s'appuie à l'est sur le dos de la montagne contre l'exhaussement du terrain qui surplombe perpendiculairement de quelques mètres, et forme le faîte de cette partie de la montagne, tandis que son côté arrondi s'évase au sud, à l'ouest, dans sa plus grande dimension, et au nord, en dominant dans ces directions les immenses prairies qui l'environnent. Du côté du levant, on ne peut arriver à l'exhaussement qui surplombe la plate-forme qu'à travers des broussailles de rhododendrons, de bruyères épaisses et de fougères, puis en franchissant des rochers escarpés; du côté du nord-ouest, par où nous sommes venus du fond du Cirque de Stoucoué, la montée est courte mais raide. Du côté du sud-ouest seulement, dans l'orientation de Sers, la pente est plus facile, mais elle s'allonge indéfiniment jusqu'à ce qu'elle plonge les pieds dans le Bastan que l'on ne voit plus, et dont on entend encore un peu le murmure dans le fond de la vallée. Cette plate-forme arrondie, œuvre évidente du travail humain, permet de distinguer, comme d'un observatoire, à une très grande distance, le moindre mouvement dans les trois directions sur lesquelles elle s'ouvre, et fait conjecturer très vraisemblablement la justesse des traditions du pays, d'après lesquelles le Pioüla aurait été, pendant un temps plus ou moins long, un refuge pour les Sarrazins refoulés vers l'Espagne, et dont ils se seraient fait un camp retranché. Ce lieu est appelé par les habitants de la contrée : *lous clos deüs Maüros : le champ clos*, le camp retranché des Maures. En vérité, on n'aurait pu mieux s'y prendre pour le choix de l'emplacement et la disposition du terrain.

Un peu plus haut, à quelques deux cents mètres, un petit bassin naturel est encore considéré comme le lieu de leurs sépultures. Nous y trouvons des pierres plates et longues, qui ne sont point assez caractéristiques cependant pour permettre d'en déduire une conclusion certaine. Plus de traces de construction, non plus, sur la plate-forme du Pioüla ; mais cela s'explique par le peu de solidité que ces fuyards devaient donner à l'asile provisoire qu'ils se choisissaient ; et aussi parce que la haine et la terreur qu'ils inspiraient dans la contrée, longtemps encore après leur disparition, a dû porter les habitants à détruire tout vestige de leur passage.

De nos jours, ces lieux passent pour maudits et exécrables : les bergers n'y construisent aucune cabane ; à peine ont-ils osé profiter de ce terrain plat et uni, pour y distribuer la provende de sel à leurs troupeaux.

Les animaux sauvages, qui ont pris la place des fuyards, les éboulements de terrain, les amoncellements de neige, pendant les deux tiers de chaque année, ont dû achever, durant plus de mille ans, l'œuvre de destruction que la main des hommes avait commencée. Mais pour cette population de la vallée de Barèges, si attachée à ses traditions, si respectueuse des souvenirs, si homogène, encore aujourd'hui, dans ses idées, dans ses liens de famille, la présence des Sarrazins en ce lieu est un fait qui ne souffre pas de contestation.

Taillés en pièce par Charles-Martel en octobre 732, ces ennemis de la patrie et de la religion, qui marchaient à la diffusion de l'Islamisme par le cimeterre, s'éparpillèrent en débris innombrables, avec femmes et enfants, dans toutes les provinces méridionales. Les uns gagnèrent les bords de la Méditerranée dans la Provence (le département du Var aujourd'hui) et se maintinrent dans les montagnes des Maures. Leur dernier refuge, après plusieurs siècles, fut Fraxinet, aujourd'hui appelé la Garde-Freynet. Les autres, pour rentrer en Espagne d'où ils étaient venus, s'échelonnèrent dans les Pyrénées et s'y campèrent dans les lieux élevés et d'un difficile accès, attendant le moment favorable pour franchir tout à fait les monts. Le Pioüla fut un de ces refuges passagers. Ainsi qu'on a pu le voir, il leur était admirablement propice. Ils trouvaient, tout autour, des paturages abondants pour les troupeaux, fruit de leurs rapines dans les villages voisins ; ils pouvaient donc y prolonger leur séjour, et y attendre que la saison et les circonstances leur permissent d'aborder les grands passages plus difficiles et plus dangereux qu'il leur restait à franchir pour rentrer en Espagne.

Ils étaient devenus, au Pioüla, la terreur de la vallée toute entière. Agiles comme des cerfs, forts comme des ours, sauvages comme des sangliers, ils fondaient à l'improviste sur les villages paisibles des environs ; soit un jour de fête, quand toute la population était réunie à l'Eglise, soit dans les ténèbres de la nuit, surtout par les temps d'orages et de tempêtes. Plusieurs tentatives opérées par les habitants de la vallée, en vue de se débarrasser d'un si terrible voisinage, avaient rencontré une résistance indomptable de la part de ces brigands aguerris depuis longtemps et habitués à combattre. Les femmes et les enfants prenaient part à ces luttes acharnées ; et l'on vit des mères tenant d'une main leur nourrisson au sein, lancer, de l'autre, des pierres au loin, et, furieuses, repousser les assaillants avec des fers rougis.

Un matin, au tout petit jour, les cloches de Sers, de Vielle, de Betpouë, qui la veille déjà avaient annoncé par leurs carillons la fête du lendemain, les cloches sonnaient à toute volée pour donner le signal du départ d'un pèlerinage au sanctuaire de Sainte-Marie de Luz. Tandis que toutes les femmes, les enfants et quelques vieillards descendaient de leurs villages respectifs au chant des hymnes, pour faire comprendre aux Sarrazins que les populations abandonnaient leurs demeures ; les jeunes hommes agiles et vigoureux, suivis de près par ceux d'âge mûr, rampant, en grand silence, à travers les broussailles qui recouvrent le côté Est de la montagne, s'étaient élevés jusqu'au sommet ; quelques-uns même avaient pu arriver assez près du Pioüla, sans donner l'éveil, et suivre du regard le départ de ces atroces envahisseurs, se glissant les uns après les autres, comme un long serpent sur les pentes gazonnées, et se dirigeant vers les villages abandonnés. Mais le son des cloches n'avait été qu'un piége. Au moment propice et, au signal convenu, les agiles montagnards sautent sur divers points à la fois, par-dessus le retranchement du nord-est ; ils fondent furieux et bien armés sur le campement, décidés à n'y rien épargner ; massacrent tous ceux qu'ils y rencontrent, gardes et sentinelles, vieillards, femmes, enfants ; ils brûlent tout ce qui peut devenir la proie du feu. Avertis par les flammes qui s'élèvent au-dessus de leur asile, peut-être aussi par des cris de détresse qui pouvaient encore arriver jusqu'à eux, les Sarrazins rebroussent chemin ; un cri de désespoir s'échappe de leur poitrine sitôt qu'ils peuvent se rendre compte de la grandeur de leur désastre. Quelques-uns essayent de remonter jusqu'au lieu du carnage, mais c'est pour y périr ; les autres fuyent, dispersés, errants, traqués comme des bêtes fauves, et s'en vont pour la plupart mourir obscurément. Le Pioüla avait été désormais purifié par le fer et le feu des immondes envahisseurs.

Nous essayons, en fouillant la terre dans le lieu des sépultures, de retrouver quelques traces de tombes, mais, dépourvus des instruments nécessaires pour ces investigations, nous devons y renoncer.

Nous n'avons pas le temps d'ailleurs de nous attarder à ce travail d'exhumation archéologique, car il nous faut poursuivre notre flânerie un peu plus haut.

Plus haut. — Le Som. — Rêverie.
La chasse à l'Isard.

C'est vers le plateau de Bascia-Caud que nous nous dirigeons, en montant dans la direction du nord-est. Nous nous rapprochons de Pène-Taillade et de Pourry qui semblent, par une illusion d'optique commune dans les montagnes, s'éloigner d'avantage à mesure qu'on s'en croit plus près.

Bascia-Caud est un premier étage du Cirque de Stoucouë; nous arrivons au second, à Bascia-Long, où, à côté d'une source peu abondante mais limpide et saine, se trouvent de nouvelles cabanes de bergers, les plus élevées et les dernières dans cette région. La flore y devient rare, mais l'herbe y est savoureuse pour les troupeaux.

C'est le milieu du jour. Des brebis serrées en rond les unes contre les autres, l'extrémité de l'échine à la circonférence et la tête baissée, vers le centre, avec l'illusion de s'abriter contre les ardeurs du soleil, forment comme des entonnoirs légèrement concaves dans le fond des vallées. D'autres troupeaux plus hardis ou moins fatigués émaillent les pentes rapides et les bords escarpés des rochers ; ils y semblent suspendus, en recherchant lentement les herbes plus fines et plus rares qui végètent sur ces sommets pendant la courte durée de la disparition des neiges.

Nous faisons une légère halte ; puis laissant à ma droite la crête de Capet, à ma gauche Bascia-Buscol, base de Pène-Taillade, je gravis, sous la conduite de Bernard C..., une montée raide et pénible dans les cailloux et les éboulis, mais sans trop grand danger néanmoins.

Après trois quarts d'heure de marche, nous atteignons le *Som du Pourry*, bizarre et pittoresque montagne semblable à une tête de cheval sur laquelle on n'arrive qu'en escaladant laborieusement la longue courbe de son encolure. L'altitude du plateau qui couronne le sommet est de 2,600 mètres. Sa surface de quatre mètres carrés tout au plus.

Le ciel est pur ; pas un nuage ne voile l'horizon de la largeur de la main ; autour de moi, tout nage dans une lumière vive et pure; le soleil est chaud sans être ardent ; pas un souffle n'agite l'air, tandis que, par un phénomène étrange, le vent que j'avais laissé assez fort dans Bascia-Long n'avait cessé d'y souffler, à ce que me dirent à mon retour les compagnons d'excursion restés auprès des cabanes. Je puis donc contempler à mon aise le spectacle qui s'offre à mes yeux ; on n'a pas souvent dans la vie pareille bonne fortune.

Si l'on me permet un conseil, je recommanderais cependant à ceux qui seraient tentés d'essayer de cette petite et charmante flânerie, soit à Pourry, soit au Monné ou ailleurs, de prendre leurs dispositions pour s'y trouver dès l'aube du jour. Si la chance favorise d'un ciel pur, on y jouit de ces effets merveilleux d'une lumière qui, d'abord vague et faible, blanchit les pointes et les croupes des monts, en laissant les vallées dans une obscurité profonde ; puis ces vallées se creusent à leur tour dans les ténèbres des plans inférieurs et se couvrent de forêts, de clairières, de hameaux, de cabanes ; le relief se débrouille et s'étend progressivement, tandis que les pics neigeux dominent avec majesté tous ces riches tableaux où se jouent les capricieuses fantaisies de la lumière. Quelle variété de tons délicats, de nuances harmonieuses, passant du blanc au rose flamand, du violet tendre à l'opale, du rouge au doré, dans ces clartés avant-coureurs du grand astre qui sort enfin d'au-delà les monts !

Mais revenons à notre flânerie. Au moment dont je parle, la lumière du milieu du jour inonde les vallées comme les hauteurs, et répand partout un éclat uniforme ; il est une heure de l'après-midi. Le regard, suivant les sinuosités de l'horizon, s'étend de Pau jusqu'aux Pyrénées-Orientales ; dans le lointain et au-dessus de notre horizon même, les sommets du Canigou, du Mont-Perdu, de la Maladetta et du Vignemale montrent leurs têtes sévères presque toujours coiffées de nuages et souvent frappées de la foudre. Tout près de moi, à l'est-nord-est, se dresse le Pic du Midi de Bigorre dominant de sa masse imposante les monts qui se pressent autour de lui, comme des moutons auprès de leur pasteur. Au nord, le rocher à pic sur l'abîme béant me laisse voir à une profondeur de plus de 700 mètres le *lac Bleu* uni, calme, comme une large pierre de Lapis-Lazzuli au fond d'une cuvette de granit cendré. Enfin, au-dessous du lac, la vallée de Lesponne s'allonge à perte de vue dans les bois, les rochers et les prairies.

Le spectacle est grandiose et saisissant, nul bruit ne distrait de sa contemplation ;

le bêlement des troupeaux, le bruissement des cascades n'arrivent plus jusqu'ici, et, dans ce silence profond, les montagnes seules semblent s'animer et vivre. Du fond des vallées, on ne voyait ces géants monstrueux que par des perspectives raccourcies. D'en haut, on les domine dans leur ensemble ; on s'en est rendu maître ; et de cette vue, comme du souvenir de l'effort qu'on a fait, naît la satisfaction d'une sorte de victoire.

D'où vient qu'à côté de ce sentiment apparaît bientôt aussi celui d'une tristesse vague, indéfinissable et pesante, dont on ne peut se défendre, qui vous charme et vous fascine, vous élève tout à la fois et vous humilie ? Ne serait-ce pas que sur ces hauteurs on a comme une révélation plus sensible de la force infinie dont toutes ces grandes œuvres émanent, comme une vision plus claire de leur sublime auteur, devant lequel notre petitesse s'étonne et notre orgueil se confond ? Quelle puissance a soulevé ces masses et les a assises sur leur base ? Un Océan a vu ses vagues immenses se figer dans leur soulèvement ; et devant ce chaos de mouvements commencés et arrêtés pour toujours, il nous vient involontairement à l'esprit ces paroles de Job, l'amer poète des douleurs et des fragilités humaines : « Où étiez-vous quand je jetais

« les fondements de la terre ? Savez-vous
« qui en a réglé toutes les mesures ou qui
« a tendu sur elle le cordeau ? Sur quoi
« ses bases sont affermies ou qui en a posé
« la pierre angulaire ? Est-ce vous qui,
« tenant en vos mains les extrémités de la
« terre, l'avez ébranlée et en avez secoué
« les impies ? » La grande poésie et les
extraordinaires spectacles de la nature se
font goûter l'un par l'autre.

Le regard s'en va des sommets solitaires et âpres aux vallées profondes et tortueuses, en suivant les modelés vigoureux des torses gigantesques ; le charme des lignes onduleuses, la grâce des pentes verdoyantes, l'austérité, la solennité muette des hauteurs, avec l'inconnu qui fuit plus loin derrière les masses énormes, tout cela apporte dans l'âme je ne sais quelle perception d'un mystérieux troublant, quelle vue de l'infini lui-même.

Mais je suis arraché à ma rêverie. Sur le sommet le plus élevé de Pène-Taillade, je viens d'apercevoir Etienne et Dominique, dont les silhouettes se détachent, comme celles de deux bons hommes, sur le fond bleu du ciel ; ils sont sur le Laüte qui fait le pendant du Som du Pourry, sur une étroite plate-forme, armés de leurs fusils et guettant le passage d'un isard qu'on leur a signalé dans ces rochers. Le Laüte est isolé de tous les côtés ; au nord surtout, surplombant le lac Bleu, il est taillé à pic jnsqu'à une profondeur vertigineuse. Vus de loin, ces deux hommes y semblent suspendus sur l'abîme ; on tremble malgré soi que le moindre vent ne les y précipite, tout en admirant une fois de plus cette témérité commune dans les montagnes qui attache à si peu de chose les existences humaines.

Soudain, une détonation retentit ; c'est un coup de fusil d'Etienne : il avait aperçu l'isard courant au-dessous de lui sur les aiguillettes des rochers, et, s'aventurant lui-même sur le bord de l'escarpement, il a pu frapper l'animal. Mais blessée seulement, la pauvre bête fuit à travers le précipice dans la direction du lac Bleu et disparait échappant à toute nouvelle poursuite des chasseurs. J'aurais voulu gourmander Etienne sur son imprudente audace ; mais comment se faire entendre ? Ne pouvant supporter d'ailleurs le spectacle de ce péril, malgré la confiance que m'inspiraient la force et l'adresse des intrépides Montagnards, je redescendis dans la rivière de Bascia-Long et de Bascia-Buscole pour aller rejoindre nos autres compagnons moins aventureux.

La vue des troupeaux, qui y paissaient paisiblement sous la garde des grands chiens, intéressa notre courte soirée ; un frugal repas répara nos fatigues ; puis nous gagnâmes en rampant l'intérieur des cabanes afin d'y chercher un sommeil plus réparateur, s'il se pouvait, que celui que nous avions vainement demandé aux cabanes de Stoucouë. Hélas ! nous ne fûmes pas plus heureux que la nuit précédente ; et si quelqu'un veut jamais, après nous, tenter cette flânerie, dût-elle y perdre un grain de poésie par l'irruption du vulgarisme pratique, qu'il n'oublie pas d'emporter avec lui, à ces 3,000 mètres d'altitude..., un flacon d'*insecticide* ; autrement, à moins d'avoir la peau à l'épreuve, comme les robustes bergers et les chasseurs qui ronflaient gaillardement autour de moi, on est sûr de passer une nuit blanche sous les piqûres de l'insecte avide de sang humain qui pullule horriblement sous ces pierres sèches.

Barégeois et Lavitanais. — Paix joyeusement cimentée.

Au lever du lendemain, — il ne serait pas exact de dire au *réveil*, — nous apprîmes qu'il y avait des préparatifs de lète dans la prairie de Stoucouë ; les bergers du Lavedan offraient un grand régal à ceux de la vallée de Barèges. Stoucouë, avec le groupe de monts qui l'entourent, dépend des communes de cette dernière vallée; le pacage y est le privilége exclusif de ses habitants. Ce n'est donc que par condescendance que les Lavitanais sont admis avec leurs troupeaux sur les pâturages inoccupés. A d'autres époques, n'avaient-ils pas essayé de s'y introduire aussi en vertu du droit du plus fort ou de celui de premier occupant? on le dit. Ils y rencontrèrent en tout cas de solides gaillards, disposés à défendre leur terrain ; et même les gourdins noueux prononcèrent plus d'une fois des jugements sans appel; les annales du pays fourniraient sur ces exploits plus d'un récit intéressant.

Mais l'état de guerre ne peut être dans la vie sociale qu'un accident passager, sans compter qu'il laisse la porte toujours ouverte aux revendications et aux représailles d'une meilleure fortune. On a donc mieux aimé de part et d'autre abriter l'objet du litige sous la foi d'un amical et joyeux traité : les Lavitanais s'assujettissent à demander l'entrée de leurs brebis sur les montagnes contestées, et les Barégeois en concèdent la jouissance. Mais, d'autre part, les premiers, pour reconnaître généreusement l'abandon qui leur est fait, se réunissent chaque année, vers la fin de la saison, aux environs du 15 août, et offrent à ceux qui les ont accueillis sur leurs terres un repas digne des temps antiques, un de ces festins que le bon Homère n'aurait pas manqué de décrire par le menu.

Par une heureuse coïncidence, ce gala pastoral avait lieu le jour même de notre départ de Pène-Taillade ; la circonstance nous parut assez piquante pour nous retenir quelques heures de plus dans ces fortunés parages.

Les Barégeois n'ont garde de dédaigner une gracieuseté si galamment offerte. Pendant trois mois d'été, le lait, le pain noir et dur, avec l'eau pure de la source, forment toute leur alimentation. Ils ne s'en portent pas plus mal, certainement ; il n'y a, paraît-il, jamais de malades parmi eux. Peut-être est-ce même à ce régime favorisé par l'air vif de la montagne qu'ils doivent le teint frais et vermeil qui les caractérise. Toutefois un *extra* n'est point fait pour déplaire à des estomacs affadis par cet ordinaire ascétique, et le précepte de l'école de Salerne, qui le recommande une fois par mois, ne les trouve pas du tout récalcitrants.

Dès le matin, Nouguès prenait donc sagement ses mesures pour que son troupeau eût de quoi s'alimenter pendant la journée dans le rayon de Stoucouë. Catalo veillait à ce qu'aucune de ses brebis ne s'écartât de Bascia-Long. Il était facile de reconnaître jusque dans le lointain aussi que les pâtres se livraient à une activité inaccoutumée et prenaient leurs dispositions en prévision d'une absence qui se prolongerait une bonne partie du jour.

Entre temps, les pasteurs du Lavedan procédaient aux préparatifs de la fête. Borgès, le plus ancien, en surveillait les détails avec un sérieux commandé par la gravité des circonstances. Les ânes arrivaient chargés de barils de vin, de corbeilles de pain blanc, d'autres provisions variées, simples mais copieuses, et de menus accessoires. Sur un lit de fougères desséchées, que l'approche d'une allumette devait enflammer aussitôt, on entassait des brassées de bruyères et de rhododendrons, tandis qu'un peu à l'écart, deux hommes experts dans la partie immolaient le mouton gras appelé à l'honneur de confirmer une fois de plus cette pacification générale des cœurs et des estomacs. Un pal suffisamment résistant traversa dans sa longueur l'animal écorché et débarrassé de toutes les parties impropres à la nutrition, et fut soutenu à chaque extrémité sur deux pieux liés en croix, à une hauteur convenable pour que la coction se fît dans la juste et bonne limite.

Cependant le groupe grossissait autour de ces apprêts appétissants. Quelques-uns des nouveaux venus prêtent main forte, désireux peut-être de tromper ainsi les ennuis d'une trop longue attente. D'autres, couchés sur l'herbe, se livrent à de joyeux propos et à des éclats de rire bruyants. *Nouguès* et *Catalo* étaient déjà présents ; Peyroutou quitte les hauteurs du Poulin et s'achemine vers Stoucouë ; Soucaze descend de la crête de Capet ; Puyou dévale du côté de Maran ; Labit a franchi le Montferrand ; Bernard et Dominique. qui nous avaient accompagnés, se trouvaient déjà sur place avec bon nombre d'autres convives venus des bergeries plus ou moins éloignées.

Quelques suprêmes flambées voletant sur le rôti réjouissent les yeux et consolent les estomacs en même temps qu'elles donnent aux retardataires le signal décisif. Cette sorte de treuil qui a servi de tourne-broche est retiré un peu en dehors du brasier avec son fardeau *tout doré et ruisselant* ; et tandis que les dernières gouttes graisseuses pétillent encore sur le foyer ardent, on se met en mesure de faire glisser la pièce toute chaude, du pal qui l'avait soutenue sur un lit de branchages proprement préparé. Il ne fallut pas moins que l'adresse de Jean-Marie et la force de Dominique pour parfaire cette opération délicate. Et tandis que de leurs mains ils retenaient vigoureusement en haut une extrémité du pal, incliné par l'autre pointe sur l'échaffaudage de branches, de leurs pieds, garantis par les sabots contre la chaleur de la chair fumante, ils poussèrent le mouton cuit en entier, et le couchèrent sans encombre, comme sur un autel des temps antiques.

On l'entoure aussitôt; on s'assied à l'aventure; les grands couteaux s'ouvrent, les miches de pain circulent et disparaissent assaisonnées de salés divers et d'appétissants hors-d'œuvre, abondamment arrosés surtout du contenu des respectables barils qui se promènent lentement à la ronde. Bientôt on attaque la pièce importante, les parts sont détachées, et la distribution s'en fait sans cérémonie comme sans bruit. L'économie des paroles oisives, le silence interrompu seulement par le bruit sourd d'une mastication vigoureuse sont un indice significatif des dispositions de chacun des convives; le colossal rôti se fondit à vue d'œil; il n'était pas si résistant qu'il ne dût y passer en entier.

De temps en temps, des grognements sonores et l'exhibition de crocs formidables faisaient craindre des querelles entre les molosses accroupis derrière leurs maîtres et attendant avec impatience leur part de curée; mais les voix impératives avaient bientôt tout apaisé, et le craquement des os jetés en pâture laissait conjecturer que sur cet arrière-plan aussi on ne songeait qu'à bien fonctionner.

Ce jour-là il fut constaté que les naïades de Stoucoué ne furent pas troublées une seule fois; le vin ou, pour parler plus poétiquement, Bacchus se chargea de faire respecter leurs discrètes retraites. Aussi, sur la fin du repas, la joie ne se pouvait plus contenir. Michou entonna un chant guerrier et patriotique. Crabès, un gros garçon enluminé, nous dit langoureusement « ses tendres amours »; Nicolo, tout reconnaissant du bien qu'il lui avait fait, préféra célébrer les charmes du vin. Barrau s'approchant vers la fin du bûcher sur lequel gisaient les restes informes de la victime immolée en l'honneur de la concorde, simula une sorte d'oraison funèbre qui ne fut pas dépourvue de verve comique. Puis, tout à coup, dans un mouvement oratoire, élevant un manche de gigot autour duquel étaient restés collés quelques fragments de peau sèche et durcie, —

« Tiens, Tatareau, dit-il; rends un dernier hommage à celui qui était la gloire de nos troupeaux ! » — « Je veux bien », dit Tatareau qui, saisissant aussitôt ce débris, y mordit à belles dents et en fit comme un morceau d'ivoire.

— Nouguès, dit Soucaze, vois-tu là-haut ton bouc qui se sauve ?

— Qu'il aille se promener où il voudra, répond indolemment Nouguès.

— Je comprends ; tu n'as pas le courage de grimper et d'aller le chercher ; il va chez moi, il y restera.

— Ah ! tu me provoques ! Eh bien, j'accepte ; qu'on aille planter le drapeau sur la butte.

— Tu es pris, Soucaze, lui cria-t-on de toutes parts ; tu ne peux pas reculer.

— Soit, dit celui-ci.

Le drapeau est planté, le signal donné ; les deux rivaux s'élancent sur le flanc de la montagne ; on les excite par des hourras : C'est Nouguès !... C'est Soucaze !... En moins de deux minutes ils avaient franchi dans cette course difficile ce que, la veille, nous avions mis plus de vingt minutes à gravir.

Nouguès, piqué par la provocation, avait fait un effort surhumain et emporté le drapeau.

— Et toi, Tatareau, te sens-tu de la force ?

— De la force ? Voyez plutôt : il soulevait une pierre énorme qui lui avait servi de siége, et la balançant de ses mains, il faisait mine de vouloir broyer deux ou trois têtes autour de lui.

Près de là, se trouvaient plusieurs de ces barres de fer, abandonnées par l'administration des forêts sur les pentes de Barèges et mises à profit par les bergers pour soutenir les voûtes de leurs cabanes. Dominique avait saisi la plus longue :

— A qui la lancera le plus loin, dit-il.

Et dirigée comme un dard avec force et adresse, elle alla s'enfoncer dans la terre humide, à plus de dix mètres de distance. Plusieurs s'y essayèrent, mais aucun n'atteignit la même limite.

— Aux trois sauts ! aux trois sauts ! cria-t-on de tous côtés.

Cette proposition était, au moins tacitement, un défi porté par les Barégeois. En général grands, sveltes, vifs, aux cheveux noirs, rappelant fort bien les anciens pasteurs de l'Ibérie, ils ont mieux conservé par l'habitude du pays montagneux leur caractère distinctif, et ils ne sont pas fâchés de saisir toutes les occasions pour faire éclater leur supériorité sur les Lavitanais. Ceux-ci, plus trapus, mais non moins forts, n'acceptent pas de passer pour inférieurs. Sous l'impression de cette rivalité latente, la gageure *aux trois sauts* fut donc acclamée; et il y eut entre Barégeois et Lavitanais une émulation qui se traduisit par des efforts homériques. Les chances furent à peu près égales, et Borgès, qui ne s'était pas départi de son rôle d'*ancien* et de *chef du peuple*, ne put se prononcer en faveur ni des uns ni des autres.

Nous pumes constater, quant à nous, simples spectateurs, que la paix n'avait pas été menacée un seul instant dans cette réunion nombreuse, et que, si quelques mots un peu vifs eussent échappé au milieu de l'animation du festin, une seule parole du père Borgès eût suffi pour tout pacifier. « Allons, mes enfants, dit-il en se levant, « remercions Dieu des biens qu'il nous a « faits, et soyons toujours en paix. A l'an « prochain! Que Dieu nous garde! » — « Vive l'*Ancien!* Vive Lavedan! Vive Barèges! » cria-t-on de toutes parts, et chacun reprit la direction de ses cabanes et de son troupeau.

Un cirque. — Quelques éclaircissements.
Un pied sur le Lavedan.

Nous n'avions pas compté sur cette journée donnée en plus à notre flânerie, mais nous ne la regrettions pas ; elle avait été trop agréablement remplie. Afin de nous rapprocher du point indiqué dans notre itinéraire, nous employâmes les quelques heures qui nous restaient encore, avant le crépuscule, à remonter dans la direction du nord-ouest, vers les bergeries de Bascia-Buscole dont les cabanes nous servirent d'abri pendant la nuit.

Le lendemain matin nous ressentions un froid assez vif, plongés que nous étions encore dans l'ombre des montagnes, derrière lesquelles le soleil venait de se lever ; du reste, les taches blanches disséminées çà et là dans les creux de la vallée indiquaient que, même au plus fort des chaleurs de l'été, les neiges de l'hiver précédent gardent, dans cette région, comme un trait d'union avec les premiers flocons des frimats précoces.

La rivière de Bascia-Buscole nous conduisit par une montée sans raideur jusqu'à une brèche ouverte entre le Montferrand à droite, et Maran à gauche. De là, nous pûmes embrasser du regard l'ensemble du Cirque de Lagouë et contempler quelques instants sa grandeur sévère. Il n'a pas les beautés de celui de Gavarnie qui se présente si gracieusement avec sa merveilleuse crête du Marboré, et sa ruisselante cascade ; il n'a pas, non plus, l'ampleur et la majesté de celui de Troumouse, mais il n'en offre pas moins un tableau saisissant. Les montagnes qui l'entourent et le forment décrivent une circonférence à peu près régulière. C'est seulement entre Maran et Baran, les gigantesques piliers de ce portique naturel, que la courbe s'ouvre, légèrement tronquée ; et permet une échappée de vue sur la vallée de l'Artistol, au-dessus de laquelle le portique surplombe à pic. Ce cercle de montagnes hautes, rocheuses, de couleur foncée, donne à l'intérieur du Cirque, même en plein jour, je ne sais quel aspect sombre et lugubre. On n'y découvre aucune issue au premier abord. Et lorsque l'œil cesse de voir, par l'étroite ouverture, les prairies verdoyantes, les lignes onduleuses de la vallée toute en lumière, pour se renfermer dans cette enceinte perdue, on éprouve un serrement de cœur, un vague sentiment de tristesse, quelque chose de cette émotion poignante que ressent le Dante, quand il lit sur la porte d'un autre abîme :

Per me si va nella città dolente (1)
Per me si va tra la perduta gente.
(CHANT III).

(1) C'est par moi que l'on va dans la cité dolente.
C'est par moi que l'on va au milieu du peuple maudit.

A certains endroits, les roches âpres et raides sont brisées et entaillées dans leur hauteur de rainures profondes; parfois aussi leurs parois brunes, noires, ou d'un gris sinistre, comme léchées par une fumée invisible, se tachent de suintements sanguinolents. Le fond du Cirque est une plateforme assez unie, dallée de larges blocs, recouverte à moitié par les eaux du lac Huo. Ce lac, bien triste aussi, ne s'alimente pas comme les autres par des ruisseaux roulant bruyamment des montagnes, — celles-ci sont arides et desséchées, — mais par un puits débouchant vers le milieu du cercle, puits étroit, d'une incommensurable profondeur, d'où l'eau froide, sombre, sourd silencieusement, et s'épand dans la plateforme. Ce n'est qu'à certains jours d'orages et de pluies diluviennes, que le niveau s'exhausse avec la crue des eaux lointaines, rougies en lavant les minerais du Montferrand. Le lac déborde alors par l'ouverture de la Toüe, et se précipite en cascade sonore dans les profondeurs de l'Artistol. Devant ces grandioses horreurs, et au souvenir du funèbre récit, je crus presque aussi entendre murmurer, à mon oreille, comme le poète florentin :

Noi som venuti al luogo ov'io t'ho detto (1)
Che vederai le genti dolorose.

(CHANT III. — 13-17.)

(1) Nous sommes arrivés à l'endroit où je t'ai dit que tu verrais les gens dans les toûrments.

Nous descendîmes au fond du Cirque, et nous le traversâmes en côtoyant les bords du lac. En ce moment, le silence profond, qui y régnait, n'était interrompu que par les cris aïgus et sauvages de quelques oiseaux de proie planant à la hauteur des sommets.

Une brèche, à l'ouest, opposée à celle qui nous avait donné accès, et dissimulée derrière les replis du rocher, nous offrit une issue pour sortir enfin de ce lieu où l'on semblait respirer avec peine.

A notre sortie par l'ouest du Cirque mystérieux,. une seule route s'ouvrit devant nous, celle qui conduit à la *Combe du port*. En cheminant lentement dans le creux de cette *Combe*, ou vallée formée par la jonction de *Penne Blanche* et Peyregrasse à notre droite, et de *Maraout* à notre gauche, nous arrivons au Port lui-même. La dénomination de *Port*, ou porte, est assez fréquemment donnée, dans les Pyrénées, à ces échancrures arrondies que la crête d'un rameau de montagnes présente à la naissance d'une ou plusieurs vallées, lorsque ces vallées mettaient en communication facile deux provinces limitrophes. Ces ports étaient autrefois des situations fort disputées, alors que chaque province s'administrant elle-même, ou formant une seigneurie à part, avait à défendre ses droits et priviléges contre la jalousie ou les envahissements de ses voisins. Celui où nous sommes arrivés, est le plus direct pour les piétons et les muletiers entre le pays Barégeois et le Lavédan. Sur ce col, en effet, nous touchons à l'une et à l'autre de ces vallées. Et tandis que notre regard, à gauche, au levant, embrasse une partie de la route que nous avons parcourue les jours précédents ; à droite, vers l'ouest, il va s'approfondissant à travers les vallées sinueuses, dans la direction de Villelongue et de Pierrefitte. La neige y est encore amoncelée dans les fondrières en assez grande quantité, et les rayons du soleil qui nous parviennent, sans obstacle pourtant, ne nous réchauffent qu'à peine. Cette atmosphère froide tient, d'un côté, à l'interception de toute communication avec le midi, par la proximité du *Maraout* qui se lève haut et droit comme un mur, — de l'autre, à la large ouverture du côté du nord formée par l'éloignement du *Leviste*.

La descente. — Les bergeries d'Arbéousse.
Désagréable rencontre.

Le Maraout, que nous contournons en suivant la direction sud-ouest, n'a rien de remarquable sur son versant nord; du côté du midi, au contraire, il surplombe le Baran et est accidenté de nombreux précipices. Du fond de l'un d'eux, appelé Saillen, sort une source abondante qui court alimenter le Bastan de Sers. A gauche du *Saillen*, se trouvent le *Doigt* et *Pra-de Mouncous*.

En quittant les sommets arides du Maraout, par un sentier étroit, nous nous retrouvons sur le versant sud, en face de Stoucouë, sur l'autre rive du Bastan, dans des prairies à travers lesquelles nous dévalons rapidement. Autour de nous tout est redevenu frais et vert. Notre descente s'opère joyeuse ; et les ruisseaux qui coulent vifs et abondants, tantôt parallèlement à notre petit sentier, tantôt capricieusement en travers, mêlent une note de gaîté à l'entrain qui nous anime.

Dès l'après-midi les bergeries d'Arbéousse sont devant nous. Nous y sommes reçus à distance respectueuse, — par des molosses poilus, lourds, au regard lent et farouche. En nous voyant en nombre, ils firent mine de s'organiser pour la défense. On rencontre ainsi auprès de chaque bergerie, dans les Pyrénées, de ces préposés, dont les uns sont doux, point agressifs de jour, quoique bruyants dans leurs aboiements ; tandis que les autres sont menaçants et dangereux, surtout si l'on est seul.

C'est ce qu'éprouva, me disent mes compagnons, un facteur rural, obligé par ses fonctions de passer, chaque jour, auprès d'une bergerie défendue par quelques-uns de ces gardiens trop zélés. Chaque fois, le fidèle et infortuné fonctionnaire était assailli par quatre ou cinq énormes chiens dont un seul eût suffi à lui faire mauvais parti; les bonds énormes qu'ils faisaient autour de lui, les aboiements féroces, et surtout leurs machoires terriblement armées renouvelaient sans cesse les émotions de l'honnête facteur. Celui-ci avait bien adressé une requête au berger, pour que la paix d'un homme inoffensif comme lui ne fût pas ainsi régulièrement troublée. La supplique était restée sans effet. Partagée entre l'ambition d'exercer ses utiles et honorables fonctions, et la crainte d'être dévoré, le malheureux piéton n'abordait ces parages qu'avec la plus vive angoisse. Il en était même venu plusieurs fois à se demander s'il ne vaudrait pas mieux pour lui démissionner et dire adieu à la blouse galonnée.

Or un jour que, poursuivi obstinément par ses impitoyables agresseurs, il se posait plus sérieusement que jamais la solution décisive, une idée lumineuse traversa son cerveau tout commotionné : dès le lendemain, il se prépare à une énergique défense, et complète son équipement avec un lasso solide et à l'épreuve. Du plus loin qu'elle voit poindre la blouse bleue, et scintiller la boucle bien fourbie, la meute se précipite au devant du facteur, avec des aboiements forcenés, et l'étalage de crocs formidables. Peut-être un instinct secret avertissait-il ces trop jaloux gardiens que leur victime était préparée à attaquer à son tour ; du moins ils mirent ce jour-là dans leur poursuite un acharnement plus marqué. Mais les dispositions étaient bien prises ; et, profitant d'un accident de terrain, l'avisé messager lança son plomb si adroitement dans les jambes du plus fort et du plus audacieux des assaillants, qu'il le réduisit aussitôt à l'impuissance ; la corde, suivant docilement le mouvement rotatoire du plomb, s'était enroulée plusieurs fois autour des pattes de l'animal, et l'avait renversé. Le vainqueur traîna impitoyablement, sur le terrain inégal, la bête humiliée, contre laquelle ses congénères tournèrent aussitôt leurs aboiements et leurs morsures ; ses tortures ne cessèrent que lorsqu'elle sembla demander complétement merci. A partir de ce jour, l'estimable fonctionnaire put, le sourire sur les lèvres, faire ses distributions quotidiennes. Oncques plus on le vint inquiéter.

Nous passâmes outre aux réclamations par trop bruyantes des gardes avancés de la bergerie ; et leurs menaces se bornèrent à ce bruyant salut. L'intervention des maîtres ne fut pas étrangère, non plus, à se laisser-passer, et nous servit de sauf-conduit.

Carnabet, Tourelle, Penette et Lassus, aidés d'un nombreux personnel, dirigent et habitent ces bergeries, pendant quatre mois de la belle saison. Leurs troupeaux doivent être considérables, à en juger par la couche épaisse de résidu, genre guano, sur lequel nous dûmes marcher pour arriver aux cabanes. C'est donc un peu plus loin que nous nous reposâmes sur le gazon naturel, et que nous nous rafraîchimes par une copieuse libation de bon lait.

Coup d'œil à droite et à gauche. — Un intérieur modèle. — Des gens qui ne sont pas arriérés Complément aux études de Le Play.

C'est aux bergeries d'Arbéousse que les guides et les touristes attachent d'ordinaire les chevaux, pour faire ensuite à pied l'ascension du pic de *Nère*; pic très intéressant tant par son altitude de 2,401 mètres, que par sa position avancée sur la chaîne des Pyrénées, d'où se découvre encore un immense panorama dans la direction de Gavarnie, Néouvielle, Troumouse d'un côté, et dans la vallée d'Argelès et le Bigorre de l'autre. De ces mêmes bergeries d'Arbéouse, part vers l'ouest un petit sentier qui conduit à la *Briquette*. L'on a, dë là, un beau coup d'œil sur les labats de *Viey* et d'*Estibère*. Au-dessus se trouve l'*Aspado* ou *Espade* d'Arbéouse, fréquentée seulement par les chèvres, et visitée aussi quelquefois par des botanistes qu'y attire une grande variété de fleurs.

Nous descendons d'Arbéouse, en laissant à notre gauche la montagne fort roide d'*Herchet*, pour nous diriger du côté de Boussie par un sentier toujours étroit, à travers des pentes verdoyantes, et des plateaux bien ouverts et éclairés.

Les cultures d'abord rares et chétives deviennent bientôt plus variées et plus étendues. Peu à peu, surtout dans les endroits mieux abrités et plus propices, nous voyons apparaître le seigle, l'orge, le sarrazin, le millet, la pomme de terre. Les habitations elles-mêmes s'agrandissent et se compliquent. Aux cabanes des bergeries absolument rudimentaires et tout en pierres sèches, succèdent des constructions plus soigneusement maçonnées. Ici, c'est le chaume qui les recouvre ; un peu plus bas, c'est l'ardoise. Elles sont d'abord basses ; on dirait qu'elles veulent timidement se confondre avec le sol, ou le talus de la montagne; plus loin elles s'enhardissent et deviennent de vraies maisons. Voici enfin les granges, qui servent d'asile pendant toute l'année à des familles entières. habitations moins imparfaites de construction que les cabanes et greniers à foin, laissées un peu plus haut, mais encore bien simples aussi, et d'assez pauvre apparence. Là, pourtant, vivent et passent de nombreuses générations humaines.

Que peuvent être les habitants de ces contrées d'un si difficile accès? Quel est leur degré de civilisation ? Quelles sont leurs mœurs, leurs habitudes dans ce coin perdu de la France? Il nous paraissait intéressant d'avoir une réponse à ces questions, et nous n'eûmes garde de négliger une si bonne occasion d'étude sociale. A travers ces montagnes où la lutte pour la vie semble si dure et si peu consolée, nous recueillîmes d'admirables traits de fierté et d'honneur; nous trouvâmes de si fortes vertus, de si admirables exemples de courage, de sacrifice et de dévouement, que nous ne pouvons nous empêcher d'en laisser tomber ici quelques discrètes confidences.

Nous pénétrons dans l'une des premières granges habitées. C'est Elisa L... veuve H... qui en est propriétaire ainsi que des terres qui l'entourent. Elle l'habite toute l'année avec sa famille. A 32 ans, Elisa H... restait veuve avec deux fillettes ; un mois après elle mettait au monde une troisième enfant ; c'était plus qu'il n'en aurait fallu pour accabler un courage moins solide que le sien. Au moment de la venue de ce nouveau-né, une neige épaisse couvrait toute la vallée. Sers est à près d'une heure de marche ; les sentiers qui y conduisent sont difficiles, dangereux même, en cette saison, pour les plus aguerris. Une ou deux bonnes voisines, prévenues à temps, viennent apporter un peu d'aide à la pauvre veuve souffrante. Elisa cependant se tient ferme ; son cœur de mère ne lui permet pas de se laisser aller à la défaillance à la vue de ses jeunes enfants qui se pressent autour d'elle anxieuses et inquiètes. La nouvelle venue est recueillie par ses aînées, pas même encore grandettes, qui se disputent la joie d'apaiser ses pleurs et ses premiers cris. On est convaincu qu'à la table de la famille, il y aura quand même du pain pour tous.

La neige blanchissait encore la montagne, qu'Elisa, sur pied, pourvoyait à tout; donnait l'exemple autour d'elle de l'activité et du mouvement; soignait les bestiaux, filant le soir, à la lueur des racines de sapins, après toute une journée rudement employée aux soins de la ferme; apprenant, entre temps, la lecture et le catéchisme à ses fillettes.

Par quels prodiges cette femme de cœur a-t-elle pu suffire à tant d'exigences, et arriver à payer des dettes inévitables, sans qu'une parcelle du patrimoine ait été aliénée ? — c'est le secret du travail incessant, de l'économie, de l'ordre de tous les jours, de toutes les heures, pendant quinze années entières. Aujourd'hui l'aînée de ses filles mariée et considérée, selon les usages et les traditions de la vallée, comme propriétaire de la ferme de Boussic, est devenue, à son tour, la souche d'une nouvelle famille destinée à se développer sous le même toit, à y vivre de la même vie. La cadette est entrée, comme religieuse, dans la communauté des sœurs de l'Immaculée Conception de Lourdes, où elle est très appréciée. La troisième, âgée de 15 ans, vit encore dans la maison, avec sa mère et le jeune ménage de sa sœur aînée. Ces trois filles, élevées au milieu des plus rudes épreuves, ont ainsi grandi laborieuses, modestes, gracieuses dans leur simplicité, belles même avec leur air d'innocence et de candeur, sous la douce et forte autorité maternelle qui veillait à leurs besoins, et protégeait leur innocence.

Elisa H... continue sans relâche et sans la moindre lassitude, à travailler pour assurer la dot de sa plus jeune fille, et ne pas entamer le patrimoine qui doit être transmis intégralement à l'aînée. Nous apprenons de sa propre bouche le détail suivant, raconté sans ombre d'orgueil, et comme une chose toute naturelle et aisée : chaque minuit, avec un petit âne, elle s'en va au pied de Pène-Taillade, chercher sa charge de neige, et la rapporte, vers six heures du matin, dans les restaurants de Barèges Ce travail lui vaut un salaire de 3 francs. Ce qui ne l'empêche pas, à cette époque où la fenaison absorbe beaucoup, de mettre la main, tout le long du jour, aux nombreuses occupations du ménage et des champs.

Ce n'est pas sans confusion, je l'avoue, que j'entends le récit de cette femme d'une indomptable énergie, toujours résignée, toujours calme et sereine, accomplissant chaque nuit, et dans les conditions les plus pénibles, la course que je venais d'accomplir et que mon amour-propre me faisait prendre volontiers pour une sorte d'odyssée.

Nous recueillons d'autres détails bien intéressants sur ces populations que certains confectionneurs de guides *vademecum* voudraient quelquefois faire passer pour arriérées, grossières et ineptes. Les habitants de Sers nous apparaissent tels que sont ceux des diverses communes de la vallée, tels aussi que ceux de Cauterets ; nous les retrouvons fermes dans le maintien de leurs traditions séculaires, et assez intelligents pour apprécier hautement le bien qu'ils en ont retiré. Chez eux, la famille trouve sa base et le principe de sa stabilité dans l'autorité paternelle sauvegardée à tout prix. L'héritage du patrimoine est transmis à l'aîné des enfants et autant que possible à une fille aînée ; le jeune ménage habite sous le même toit avec le père et la mère de celle-ci, et le gendre confond tous ses intérêts avec les leurs, en substituant même leur nom à celui qu'il a reçu de ses propres parents. La dot des autres enfants se prélève sur les économies qu'on fait chaque année, et sur certaines charges qui incombent aux héritiers du patrimoine. La religion enfin, sérieusement pratiquée, vient affermir l'union qui doit exister entre tous les membres de la famille. Pas ou peu de procès, on les évite soigneusement ; ou si une contestation surgit par la force des choses entre parents ou voisins, ce sont des experts et des arbitres au choix des contendants eux-mêmes qui prononcent l'arrêt accepté d'avance par tous. « Il ne faut pas, disent-ils, que les affaires descendent jusqu'à Lourdes. » C'est à Lourdes, on le devine, que siége le tribunal, avec ses avocats, ses avoués et tous les gens de la basoche dont on se préserve tant qu'on peut.

Un crime commis dans la vallée et par des indigènes est un fait considéré, lorsqu'il se produit, comme une calamité publique. Aussi les Barègeois de race tiennent-ils à ce que ces événements déplorables ne soient ni connus, ni poursuivis : L'honneur de la contrée serait atteint, l'intégrité de sa bonne réputation en péril. Pas de dénonciation par conséquent, pas de plainte publique. L'attentat est ainsi souvent soustrait à la connaissance des officiers judiciaires ; mais il n'échappe jamais à l'œil vigilant et sagace, à la justice familiale de la Communauté ; et le coupable, pour ne pas tomber sous la vindicte des lois, n'en subit pas moins un châtiment plus sévère encore dans la réprobation implacable que ses compatriotes font peser sur lui.

Le Play, dans ses remarquables *études sur l'organisation de la famille*, donne la monographie d'une famille modèle, celle des *Mélouga*, de Cauterets ; il n'aurait eu que l'embarras du choix, pour les exemples à citer, dans les environs de Barèges ; mais il les comprend, d'ailleurs, dans la dénomination générale de *Vallée du Lavedan*.

Une Fête. — L'Ermitage. — Un Bienfaiteur.

Notre rentrée à Sers coïncida avec la fête religieuse du 15 août, l'Assomption.

Dès le grand matin, la cloche de la paroisse s'en donnait tant qu'elle pouvait, s'efforçant de suppléer à l'ampleur des sons qui lui manquait par la fréquence et la véhémence des vibrations de sa voix aigrelette. Celles de Betpouë, de Viey, de Barèges et de Vielle, stimulées par l'émulation, formaient dans leur ensemble une harmonie aérienne, dont les vibrations plus sonores des bourdons de Luz donnaient dans le lointain les notes basses et graves.

Tout le pays était en fête : Il n'y en a guère d'autres que les solennités religieuses. Quelques bergers matineux avaient déjà fait leur toilette ; d'autres descendaient en hâte pour s'endimancher. Les familles de *Boussie*, du *Lat*, de la *Contre*, de *Carrot* arrivaient, par groupes, toutes prêtes pour l'assistance à la Messe. Il était facile de voir que c'était là la vedette du programme pour tous ces braves gens.

Nous retrouvons avec plaisir, parmi ces allants et venants, des figures connues, et déjà presque amies : c'est Catalo, c'est Nouguès qui nous serrent la main ; c'est Puyou qui nous salue ; Labit qui vient à notre rencontre ; plus loin, c'est un groupe où nous reconnaissons Tourelle, Lonca, Lassus. Tous ont le costume local : le veston, le gilet, les pantalons de *Buret* ou *Courdeillat*, étoffe en laine du pays, noire ou rousse, épaisse et très propre à préserver de l'humidité et du froid ; le béret béarnais, bleu ou marron, est crânement planté sur la tête ; le visage est tout rasé de frais.

Aux dimanches ordinaires, les bergers se partagent en deux troupes, et, à tour de rôle, viennent à la Messe tous les quinze jours ; mais, en cette grande solennité, on ne laisse qu'un gardien à chaque bergerie, tout le reste de la colonie descendant au village.

La veuve Elisa H... arrivait aussi avec

ses deux filles, toutes trois un peu gênées sous leurs vêtements de fête, et suivies de Bernard, le gendre, qui portait assez gauchement, dans ses bras, un nourrisson à la face rubiconde.

La dernière sonnerie annonce le commencement de la messe. On s'achemine bientôt, de tous les coins du village, vers la petite église qui en occupe le centre. Çà et là quelque gros garçon, attardé à sa toilette, sort à la hâte d'une porte de grenier à foin, formant rez-de-chaussée sur la rue montueuse. Dans le cimetière qui entoure l'église, et qu'on traverse forcément pour y entrer, deux ou trois vieillards couverts de leurs capes, prient, agenouillés sur les dalles funéraires, sans se soucier de ceux qui passent à côté.

La petite église, fort simple, est devenue proprette, grâce aux soins d'un sacristain bénévole et de trois ou quatre béguines, qui viennent y consacrer les heures matinales des jours fériés. Le sanctuaire et la tribune sont entièrement occupés par les hommes; les femmes remplissent la nef. La messe commence et s'achève dans un recueillement profond. On se sent là enveloppé d'une atmosphère vraiment religieuse.

Afin de faciliter aux bergers le retour

auprès des troupeaux avant une heure trop tardive, on chante les vêpres immédiatement après la messe. Le chœur des hommes qui sont dans le sanctuaire commence ; celui de la tribune lui répond. Ce n'est pas sans une surprise pleine de charmes que j'entends ces voix admirablement timbrées, douces et fortes à la fois, harmonieuses et modulées. Les chants spéciaux à cette fête sont familiers à tous ces hommes ; artistes officieux et complaisants, ils les exécutent avec un entrain et une précision qu'on ne rencontrerait pas dans beaucoup de cathédrales.

Michou et Crabès, que nous avions entendus à Stoucouë faire retentir l'hymne patriotique et sucrer la romance, auraient bien voulu se faire accepter pour entonner la quatrième et la cinquième antienne ; mais Soubercaze et Penette ne consentirent pas à abandonner leurs droits acquis, paraît-il, par une longue expérience et par l'ancienneté du rang.

On me dit que pendant les longues soirées d'hiver, les bergers, tous rentrés à Sers, vont passer la veillée au presbytère, et s'y exercent sous la direction du curé fort expert, à ce qu'il paraît, en matière de chant religieux.

Après les vêpres, le signal de la procession est donné. Tous les hommes sans exception descendent de la tribune, ou quittent le sanctuaire, traversant l'église dans sa longueur, et se rangeant sur deux lignes, tandis que les femmes restent immobiles dans la nef. Ils ont tous endossé la *Cape*, et ramené le capuchon sur la tête. D'un pas lent et solennel, ils gravissent les ruelles tortueuses et montantes, entre des maisons sans façade, n'ayant quelquefois sur la rue que la porte fermée d'un grenier. Leurs vêtements sombres et uniformes, leurs voix mâles exprimant les graves modulations des chants sacrés, font un tableau sévère et plein de caractère ; on aurait cru voir une apparition monacale, dans un cloître, au moyen-âge.

Les femmes sont pour ainsi dire en dehors de la cérémonie ; elles marchent silencieuses à la suite du célébrant. Avec leurs capulets blancs, rouges ou noirs, selon l'âge de chacune, elles apportent au tableau des couleurs un peu plus claires et plus variées, mais sans rien lui enlever cependant de son caractère sérieux et recueilli. On voit bien qu'ici il n'y a rien pour la pose ; la mise en scène se fait toute seule, sans que les acteurs s'en doutent ; et à cause de cela même elle est saisissante et pleine de vérité. Cette population obéit au sentiment religieux, mais sincère, profond.

Peu d'heures après, le village avait repris sa physionomie paisible. Il n'y a là ni auberge ni cabaret qui offrent une tentation quelconque. Les bergers avaient hâte de s'assurer que leurs troupeaux n'avaient pas souffert ; et pour les ramener autour des bergeries avant la nuit, ils regagnaient promptement leurs montagnes. Les femmes restaient seules groupées dans les rues ou au seuil des maisons ; et sans doute pour se dédommager un peu du rôle amoindri et presque effacé qu'elles avaient eu dans la cérémonie du matin, elles profitaient des dernières heures du jour chomé, en jasant dru, comme leurs poules qui picoraient à leur entour, sans la moindre alerte. Un beau soleil couchant éclairait cette scène douce, calme et gracieuse.

La journée ne s'acheva pas cependant sans un pieux souvenir pour le Saint de la contrée ; et après quelques mots échangés sur ce sujet, nous vîmes plusieurs habitantes de Sers se diriger vers l'emplacement de l'Ermitage de St-Justin.

Dans ce moment la butte qui porte le nom de ce Saint, et qui s'avance jusque sur la vallée, comme un promontoire taillé à pic au-dessus du Bastan, recevait sur son flanc à notre gauche les rayons obliques du soleil déclinant du coté de Luz. Elle se détachait, en pleine lumière, sur le fond un peu bruni du levant ; et nous fûmes frappés de la beauté du site, bien mieux que nous ne l'avions été dans la journée. Ce pouvait être le but d'une courte et dernière excursion, nous n'hésitâmes pas à l'entreprendre.

Le promontoire, allongeant sa croupe du nord au midi, n'est d'un facile accès que par cette direction ; nous la suivîmes donc à travers les pentes gazonnées. A son extrémité sud, de la petite plate-forme qui servait d'emplacement à l'Ermitage, la vue est des plus gracieuses, elle s'étend à gauche, au-delà de Barèges jusqu'à Tourmalet ; à droite, elle plonge vers Luz, dont les toitures font des tâches noires au milieu des bouquets d'arbres. Sous nos pieds gronde le Bastan ; de son murmure continu se détache de temps en temps, dans le lointain, le clic-clac des fouets des postillons qui excitent leurs chevaux à la montée de Barèges.

Quel autre que le Saint pouvait choisir un pareil site pour en faire sa demeure, tout ensemble au-dessus du bruit et des agitations humaines, pas assez haut cependant pour se désintéresser des tristesses et des souffrances de ses semblables, plus près de Dieu avant tout, vers lequel la pensée se porte sans effort et d'où elle peut descendre encore sur les hommes avec compassion et charité.

St-Justin, dont l'existence remonte au Ve siècle, était un Evêque de Bigorra. L'âge peut-être, la considération de sa fin prochaine, le désir de se soustraire aux charges épiscopales et de se livrer tout entier à la vie de prière, lui inspirèrent la résolution de quitter la crosse et la mître, et de se retirer, en compagnie de deux de ses diacres, dans ce lieu solitaire. Le saint y était venu pour ne plus s'occuper que des biens célestes, et attirer par ses prières sur ceux qu'il avait laissés les miséricordes du Tout-Puissant ; mais sa retraite n'était point si cachée, son refuge, point si élevé que de loin, de bien loin, on ne vînt en foule le voir, le consulter, obtenir de lui consolations pour l'âme et secours pour le corps. Et ses paroles, ses exemples se répandaient par l'intermédiaire de ceux dont il avait su relever le courage, dans les vallées environnantes et s'y développaient en floraisons de vertus.

Il mourut dans son oratoire, et y fut enseveli par ses diacres au milieu des larmes des populations accourues pour rendre hommage à sa sainteté. Son corps fut transporté ensuite, sans doute par les compagnons de sa retraite, dans le diocèse d'Auch, au village qui porte aujourd'hui son nom. Mais sa mémoire n'en continue pas moins à être en vénération dans la contrée ; et l'on voit encore, au milieu des rochers de la montagne, le sentier abrupte par lequel les pèlerins montaient, chaque année, en grand nombre, jusqu'au sommet de la butte, pour y honorer la mémoire du Saint et lui demander la continuation de ses bienfaits.

Ce sentier, presqu'abandonné, est le seul vestige apparent de l'habitation ancienne et de la fréquentation de ce lieu ; nous y cherchons en vain un pan de mur, une substruction quelconque ; il n'y reste, ensevelies sous le gazon, que les fondations de l'Oratoire et de deux cellules, déjà en ruine avant la fin du siècle dernier.

L'Archéologue, il faut bien le dire, n'a pas grand'chose à butiner dans toute cette région ; les habitants, trop occupés ou trop pauvres pour se donner le luxe de constructions monumentales, ont paru se contenter des œuvres de Dieu : les monts, les rochers, les vallées, les forêts, les torrents mugissants, les tempêtes avec leurs terrifiants éclats, tous ces grandioses spectacles mettent au cœur de l'homme des sentiments si haut, que sa main ne peut plus les symboliser convenablement.

La journée était finie, et avec elle notre flânerie, il ne nous restait plus qu'à rentrer dans la banalité de la grande route pour regagner Luz.

Epilogue.

Quelques jours après, le train m'emportait sur ses rails rigides et inflexibles dans la direction de Tarbes. A l'air pur des monts avait succédé la fumée bitumineuse ; à l'allure simple et gauche des pâtres de Stoucoüe, la roguerie des hommes d'équipe, des employés galonnés et gourmés ; aux harmonies et aux chants de la nature, les sifflements de la locomotive, et, qui pis est, le creux verbiage des fâcheux cherchant à dissimuler leur nullité sous la fréquence des paroles et les éclats de voix qui voudraient en imposer.

La chaleur était étouffante dans ce milieu du jour.

Pour se soustraire à tant d'ennuis, mon esprit s'en allait vaguer à l'aventure sur mille accidents divers, grâce à la somnolence qui tenait mes sens assoupis. « Il me « semblait, comme à Montaigne, ne pouvoir « (lui) faire plus grande faveur que de le « laisser en pleine oisifveté s'entretenir « soi-même et s'arrêter et rasseoir en soi, « ce que j'espéray qu'il peust meshuy faire « plus aysement. »

Mais dans cette sorte de vagabondage de pensées, mes yeux se portèrent à droite sur les fonds bleu-foncés des Pyrénées, bien dessinés encore sur l'opale du ciel.

Je reconnus facilement, dans le voisinage du Pic-du-Midi, toujours imposant, la silhouette de Pène-Pourry et celle de Pène-Taillade ouvrant son entaille vers le Ciel, comme la gueule d'un crocodile. Ce que j'éprouvai à cette vue, ce fut la joie de retrouver une connaissance agréable, comme un ami. Arrêtant là les divagations de mon esprit « qui faisant le cheval « eschappé, m'enfantoit tant de chimères « et monstres fantasques, pour en contem-« pler à mon ayse l'ineptie et l'estrangeté, « j'ay commencé de les mettre en roolle. »

Dans un regain de flânerie, je revis avec délices la verdure, les immenses et beaux horizons ; je regoûtai la fraîcheur des ruisseaux et des cascades ; je retrouvai le calme et la paix des heureux mortels oubliés dans ces prairies reculées. — Mais ce ne fut que le charme d'un moment fugitif, — car soudain le Ciel était devenu lourd, bas, gris ; une tempête effroyable déchaînée des hauts sommets s'abattait sur les vallées ; les troupeaux affolés se perdaient dans les fondrières ; la ruine pesait sur les infortunés habitants. — Puis le calme revenait, mais c'était pour laisser tomber silencieusement une neige épaisse, qui allait recouvrir ces ruines d'un linceul funéraire.

Tout d'un coup, le fracas redoublé de nos voitures de fer arrivant à une station m'arracha à mon pesant sommeil ; ce n'avait été qu'un cauchemar, mais il suffisait à me rappeler que le bonheur n'est parfait nulle part ici-bas, qu'autant vaut suivre docilement sa route sous la main de la Providence qui nous guide, rentrer dans le milieu qui nous est fait en ce monde, et chercher là seulement les satisfactions de l'esprit et du cœur.

Sous le bénéfice de ces pensées, je me laissai donc plus paisiblement ramener par notre train. Mon retour sera payé d'un plus complet contentement, lecteur, si « ces « *estrangetés que j'ay commencé à mettre « en roolle* » peuvent vous procurer quelques minutes d'amusement et de distraction.

FIN.

www.ingramcontent.com/pod-product-compliance
Lightning Source LLC
LaVergne TN
LVHW020108100426
835512LV00040B/2056